juf is te dik

Anke de Vries
tekeningen van Alice Hoogstad

maantjes

Zwijsen

juf zakt door haar

juf is leuk.
juf is lief.
maar juf is wel te dik.
ze kan maar net door de deur.

ik weet het, zegt juf.
ik ben veel te dik.
ik lijk wel een ton.
maar ik zit er niet mee.

juf leest voor.
het is een heel leuk boek.

dan, bam ... wat is dat?
juf zakt door haar .
ze valt.
kijk mij nou, zegt juf.
ik hijs je wel op, juf, zegt tom.
maar dat lukt niet.
je bent veel te dik, zegt kim.
ik weet het, puft juf.

ik moet er wat aan doen.
maar ik hou van koek en ijs.
ik hou van zoet.
dan maar dik.

een muis in mijn buik

juf loopt heen en weer.
ze wil een reep.
haar maag piept.
ik hoor een muis, juf, zegt kim.
ik ook, zegt juf.
die muis zit in mijn buik.
hij wil een reep.
juf pakt een reep.
ze eet hem op.

dat mag niet hier, zegt kim.
ik weet het, zegt juf.
maar de muis weet dat niet.

wat is het heet, zegt juf.
veel te heet voor taal of een som.
kom op.
we gaan naar het bos.
juf ziet een kar met ijs.
wie wil er ijs? zegt ze.
ik, ik en ik ... mmm!
en ik ook, zegt juf.

11

in het bos

in het bos is een meer.
daar zit een man.
hij is heel dun.
juf loopt naar hem toe.
dag juf, zegt de man.
ik ben dik.
dik?
je bent dun, zegt kim.
ik heet dik, zegt dik.
maar ik ben dun.
ook maf!

ik vis.
het lukt niet.
dik kijkt naar juf.
hij let niet op zijn lijn.
beet! roept juf.
de vis hapt, en hoe!
ik hou de lijn niet meer, roept dik.
die vis weegt te veel.
geef mij de lijn maar, zegt juf.
mij lukt dat wel.
ik ben dik.
ik haal hem wel op.

juf is een kei

juf hijgt en ze puft.
ze is net een biet.
zet hem op, juf, gilt tom.
hou vol!
juf haalt de vis uit het meer.
het is een reus van een vis.
je bent een kei, juf, roept dik.
dik maakt een vuur.
juf bakt de vis.

ze maakt een saus met room.
je bent een kei, juf, zegt dik weer.
je vist en je bakt.
wat kan je nog meer?
ze piept, zegt kim.
er zit een muis in haar buik.
ze zakt door haar 🪑 .
en ze koopt ijs voor ons.
wat gaaf, zegt dik.
je boft met je juf.

Serie 6 • bij kern 6 van Veilig leren lezen